AF233569

COLONISATION

DE LA

NOUVELLE-CALÉDONIE

Notes et renseignements

Extraits de documents officiels.

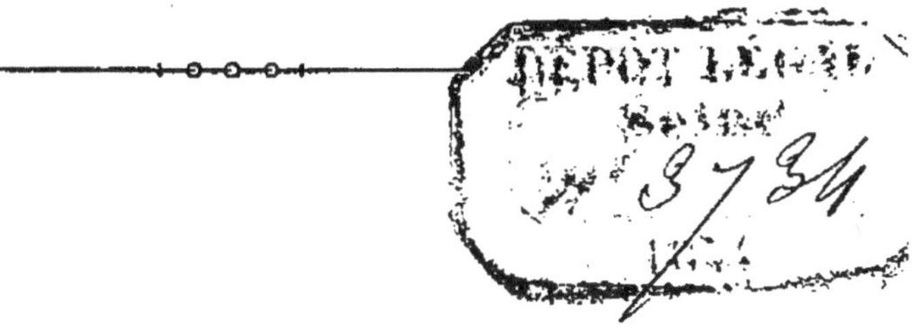

PARIS

IMPRIMERIE CENTRALE DES CHEMINS DE FER

A. CHAIX ET Cᵢₑ

RUE BERGÈRE, 20, PRÈS DU BOULEVARD MONTMARTRE

1874

Tous les renseignements ci-dessous sont extraits de **Documents Officiels** adressés de la Colonie au **Ministère de la Marine**.

Quoique fort brièvement exposés, ils suffisent pour faire apprécier les avantages énormes que peuvent rencontrer les colons qui viennent s'établir dans ce pays, avantages résultant tant de la nature du sol, un des plus riches connus, et de la douceur du climat, que des conditions plus que favorables faites par le Gouvernement français

NOTIONS GÉNÉRALES

La Nouvelle-Calédonie, située dans l'Océan Pacifique, entre le 20ᵉ et le 23ᵉ degré latitude Sud, le 161ᵉ et le 164ᵉ degré longitude Est, jouit, par cela même, d'un admirable climat, d'une grande salubrité, dont la température moyenne, régulièrement rafraîchie par les brises du large, est à peu près *celle du midi de la France.* (La plus basse température observée en hiver a été de *plus 12°;* la plus haute, en été, de *plus 32°.*)

Les saisons, sans présenter de caractères aussi tranchés que dans nos contrées, peuvent, cependant, se diviser ainsi :

PRINTEMPS : Septembre, Octobre, Novembre.
ÉTÉ   : Décembre, Janvier, Février.
AUTOMNE : Mars,   Avril,   Mai.
HIVER   : Juin,   Juillet,   Août.

La population blanche est actuellement évaluée à 25,000 âmes, environ. On estime à 40,000 le nombre des indigènes et des Indiens, de mœurs peu guerrières, qui en partie deviennent, moyennant rétribution, *les aides des colons dans leurs travaux.*

Nouméa, siége du gouvernement, compte 11 à 12,000 habitants.

Les autres principaux centres sont : **Païta, Ouaraï, Bouraï, Gomen, Maughine, Bondi Kanala** et les deux lieux de déportation : la presqu'île Ducos et l'île des Pins.

L'Administration coloniale encourage de tout son pouvoir les agriculteurs et les ouvriers européens. Ceux-ci trouvent, à leur arrivée, toutes facilités d'installation, comme on le verra plus loin.

NATURE DU SOL — CULTURES — ÉLÈVE DU BÉTAIL

La *culture* et *l'élève du bétail* sont, pour ainsi dire, forcés de *marcher de front* dans cette colonie envers laquelle la nature s'est montrée si prodigue. Les terres se divisent, en effet, en deux parties tout à fait distinctes : l'une essentiellement *appropriable aux plantations*, l'autre ne pouvant être utilisée que comme *pâturages*. Avec de tels éléments, l'avenir de la Nouvelle-Calédonie est assuré ; nous n'insisterons pas sur ces avantages, que tout agriculteur appréciera immédiatement, et passerons à l'énumération des différentes cultures que peut produire ce sol privilégié.

On a introduit *le sucre, le café, le coton,* qui ont *pleinement* réussi. *Sept usines* à sucre sont actuellement en plein exercice et en parfaite prospérité. On a également introduit *le riz, le maïs, le blé, l'orge, l'avoine, la pomme de terre, la betterave, la patate douce, l'igname* de la Chine, *le taro* (espèce de haricot), et *le tabac,* qui s'y sont admirablement acclimatés.

Enfin, nos *légumes européens* viennent aussi bien que chez nous.

Le *café*, aussi bon que celui de Java, rapporte, au bout de cinq ans, 1 franc par pied, soit 1,500 francs par hectare. Le *coton jumel*, dont le prix de revient est de 570 francs par hectare, rapporte 937 francs.

Le *bois de santal*, indigène de la Nouvelle-Calédonie, exploité malheureusement avec trop d'imprévoyance, peut être l'objet d'un commerce très-avantageux avec la Chine, pourvu qu'on veuille bien en assurer la reproduction par des semis et une culture intelligente.

On trouve enfin un genre de *pin* qui donne de bon bois de construction ; le *cocotier* et la *noix de bancoul*, dont l'huile se vend avantageusement sur les marchés d'Australie.

Certains terrains conviennent parfaitement à la *vigne;* on applique les procédés de culture employés dans la Charente-Inférieure (rapprocher les plants, et tailler court en recourbant les rejets vers la terre, pour maintenir la fraîcheur du sol).

Enfin, quelques plantes indigènes qui, une fois bien étudiées, donneront de belles et solides *teintures*, viennent compléter l'énumération déjà longue des ressources qu'offre aux colons cette nouvelle terre promise.

Le *gros bétail* réussit admirablement; on va le chercher sur les marchés d'Australie, où on le trouve à des prix relativement très-raisonnables.

CHASSE ET PÊCHE

Le *gibier* de toute nature abonde dans la colonie; la *chasse* et la *pêche* sont libres, sous réserve, bien entendu, des époques déterminées pour la reproduction et le frai, de manière à éviter l'épuisement.

INDUSTRIE ET COMMERCE

Après le colon agriculteur, nous allons nous occuper de celui qui viendra faire fructifier le travail du premier, et lui donner les moyens d'échanger le superflu du produit de son labeur.

Les marchés de *Sydney*, *Melbourne*, *Adélaïde*, en Australie, de *Auckland* en Nouvelle-Zélande, et de la *Chine* offrent un vaste débouché aux productions de la Nouvelle-Calédonie : le *sucre, le café, le coton, le santal, les huiles de coco* et de *bancoul.*

Quant à l'*industrie*, la constitution géologique du sol répond à sa fertilité : la *pierre pour bâtir, la chaux* pour l'amendement des terres argileuses, *le kaolin, le sable*, qui offrent à l'industrie céramique les moyens de se développer avec succès, abondent en ce pays.

Les usines qui se créeront trouveront la *houille* presque à fleur de terre, à Ouaraï; elles auront aussi *le cuivre* et *le fer.*

Enfin, le colon aventureux qui se consacrera à la recherche de l'*or*, sera largement payé de ses efforts, en retrouvant, en Nouvelle-Calédonie, les richesses analogues à celles que la Californie offrait jadis à ses explorateurs.

Un arrêté du Gouverneur de la colonie permet *la recherche de l'or*, en donnant comme *prime*, à celui qui découvre un gisement, *la licence d'exploiter* jusqu'à épuisement, plus une *somme d'argent* qui peut aller jusqu'à 50,000 francs. Le même arrêté règle les conditions de ce travail.

Quelques *maisons de commerce* et une *Banque* existent déjà à Nouméa. C'est assez pour prouver que l'on peut y faire des transactions, et que la voie est ouverte; c'est trop peu pour faire craindre la *concurrence*, et le trop-plein, fléau de nos contrées où la place manque !

En somme , la Nouvelle-Calédonie offre tous les *avantages* d'un pays neuf, pour le commerce, l'industrie et l'agriculture, sans avoir les *inconvénients* que l'on trouve souvent sur les terres nouvelles, où l'absence de lois et de tout frein laisse le champ libre aux mauvaises passions, et où le colon honnête reste sans défense contre les aventuriers, qui le pillent ou le tuent impunément.

MOYENS DE COMMUNICATION — POSTE TÉLÉGRAPHE

Un pays, quelque riche qu'il soit par lui-même, ne profite de tous ses moyens que s'il peut communiquer avec ses voisins.

Un service de courriers par terre met d'abord en communication entre eux les principaux centres de la colonie; le courrier part tous les *jeudis* (matin) de Nouméa et   , l'*aller* et au *retour* : **Pont des Fra   ais, Païta, Coétempoë, Boulou- pari, O araï, Bouraï, Kanala, Oubatche.**

Le service postal bi-mensuel, *par mer*, est fait de Sydney (Australie) à Nouméa par une *ligne à vapeur*, subventionnée par la colonie. Le steamer quitte Sydney le lendemain de l'arrivée des paquebots de la ligne Anglaise Péninsulaire et Orientale (départs d'Europe quatre fois par mois), et met réglementairement sept jours pour se rendre à Nouméa. Ce qui fait que les lettres mettent *cinquante-cinq jours*, en tout, pour venir d'Europe à Nouméa.

Les mêmes steamers repartent de Nouméa cinq ou six jours après leur arrivée, et emportent à Sydney dépêches et passagers pour les départs des paquebots de la Compagnie Anglaise retournant en Europe.

En outre, *des voiliers* desservent les principaux points de la Nouvelle-Calédonie et la mettent *continuellement* en communication avec l'Australie, la Chine et les autres pays du globe.

Un *câble* sous-marin relie Sydney avec l'Europe et permet d'y envoyer des télégrammes.

IMPOTS

Les ports de la Nouvelle-Calédonie sont déclarés *ports francs*, et les marchandises ne sont soumises à *aucun droit* de douane, ni à l'importation ni à l'exportation.

Un impôt annuel de 1 0/0 frappe la valeur des propriétés rurales; et un impôt de 2 0/0 frappe celle des propriétés urbaines.

La contribution des patentes ne compte qu'un droit fixe :

1ᵉʳ Marchands en gros et détail . . .   800 fr,
2ᵉ Marchands en gros   500   »
3ᵉ Cafés, cabarets, débits . . . . .   1.200   »
4ᵉ Hôtels, restaurants, tables d'hôte.   300   »
5ᵉ Bouchers, charcutiers. . . . . . .   -100   »

NOURRITURE ET CHOSES DE PREMIÈRE NÉCESSITÉ

Le prix de la nourriture n'est pas beaucoup plus élevé qu'en Europe.

Quant aux *vêtements*, ils sont un peu plus coûteux que chez nous, mais comme le climat exceptionnellement clément permet *de se passer de vêtements d'hiver* (qui sont ceux dont le prix est le plus élevé), on peut conclure que l'on arrive à se vêtir encore à de meilleures conditions qu'en Europe.

Il faut dire, d'ailleurs, que le cours des vivres, aussi bien que de toutes les autres choses de première nécessité, a *déjà baissé* depuis 1873, et devra *baisser encore considérablement* une fois le mouvement d'immigration bien établi, c'est-à-dire lorsqu'il y aura assez de bras pour faire produire au pays ce qu'on est en droit d'attendre de lui.

AVANTAGES OFFERTS AUX IMMIGRANTS

Immigrants Alsaciens-Lorrains. — Une décision ministérielle du 22 novembre 1872 accorde *gratuitement* aux immigrants Alsaciens-Lorrains, munis de certificats de la Société de protection des Alsaciens-Lorrains, des lots de terre jusqu'à concurrence de *10 hectares* par famille de trois personnes.

Autres Immigrants. — Le gouvernement colonial tient des lots de 10 hectares à la disposition des immigrants arrivant à la colonie. Ceux-ci deviennent ainsi *locataires* de ces lots : la durée du contrat de location est de cinq ans , au bout desquels ils doivent *acheter* le terrain à un prix fixé d'avance par le contrat. — Le prix de location est fixé à 1 franc par hectare pour la première année, et à 1 fr. 50 c. pour les années suivantes. Chaque immigrant ne peut louer qu'*un seul lot* de 10 hectares ; mais une *famille de trois personnes* peut en louer *deux*. Le prix d'achat varie de 10 à 25 francs par hectare. Le colon peut acheter dès la fin de la troisième année.

Les immigrants peuvent aussi *acheter de suite* les terrains qu'ils veulent exploiter, au lieu de les louer. Ces terrains sont alors divisés par lots de 5 à 600 hectares, dont le prix varie de 10 à 25 francs l'hectare. Ces lots sont payables : un quart comptant, le reste dans le délai de six mois à partir du jour de la vente.

Enfin, l'Administration met aux enchères publiques, au moins deux fois par an, des lots de 100 à 500 hectares, payables : un quart comptant, un quart à six mois, le reste dans le délai d'un an, du jour de la vente.

Nous terminons, du reste, cette courte notice par la copie d'un arrêté qui règle l'emploi des fonds de la Caisse d'immigration.

ARRÊTÉ

Nouméa, 21 juillet 1873.

Le Gouverneur, vu, etc.,

Arrête :

Art. premier. — Les immigrants qui voudront aller résider sur la concession qui leur est accordée dans les conditions de l'arrêté du 2 mai 1872, pour la mettre en valeur, auront droit aux avantages ci-après énumérés.

Art. 2. — Ils recevront, pour eux et pour chaque personne de leur famille, trois mois de vivres à titre gratuit, à partir de leur débarquement sur le lieu de leur concession. A l'expiration de cette période, il pourra être accordé, à ceux qui en feront la demande, quatre mois de vivres à titre de remboursement, au prix de revient. (Dans ce dernier cas, la valeur des vivres, calculée pour cent vingt jours, est évaluée approximativement à 120 francs.) Il sera délivré du lard salé ou autres conserves aux émigrants, à la place de la viande fraîche, toutes les fois que les concessions ne se trouveront pas à proximité d'un établissement pour les rationnaires duquel un marché aura été passé avec un fournisseur ; on pourra fournir du pain, en place de farine, quand le voisinage d'un établissement le permettra.

Art. 3. — Les enfants à tout âge ont droit à la ration.

Art. 4. — Il est formellement interdit aux concessionnaires de faire trafic de tout ou partie des vivres qui leur auront été délivrés soit à titre gratuit, soit à titre de remboursement.

Toute infraction à cette défense rendra le délinquant indigne, dans l'avenir, de l'assistance de la Caisse d'immigration.

ART. 5. — Des instruments de travail et des graines seront distribués, à titre gratuit, aux immigrants au moment de leur départ de Nouméa.

A chaque concessionnaire isolé il sera délivré deux pelles, deux pioches et une hache.

Les concessionnaires chefs de famille auront droit au double.

ART. 6. — Le transport des immigrants sur le point du rivage le plus voisin des paillottes dont il sera parlé à l'article 9, celui de leurs vivres, de leurs outils et de leurs bagages au même endroit s'effectuera par bâtiment de l'État et par occasion imposée.

Toute personne qui, sans excuse reconnue admissible, aura négligé de profiter de l'occasion indiquée par l'Administration, ne devra plus compter que sur ses propres moyens pour se rendre au lieu de sa concession.

Si, dans les six semaines qui suivront l'arrivée des autres immigrants, elle n'a pris possession en personne de son terrain, elle perdra tout droit à l'assistance de la Caisse d'immigration.

ART. 7. — La première année de la redevance due au domaine pour la location du terrain concédé pourra être avancée aux immigrants qui en feront la demande, après avis du chef de l'arrondissement.

ART. 8. — Autant que ses ressources le lui permettront, l'Administration mettra à la disposition des immigrants un nombre de charrues et de bœufs de travail proportionné au chiffre des concessionnaires aidés par la Caisse d'immigration.

Le prêt sera réglé par les dispositions des articles 1880 et 1887 du Code civil.

Art. 9. — Toutes les fois qu'il y aura lieu de procéder à l'installation d'un nouveau groupe d'immigrants, l'Administration fera édifier, à portée de leurs concessions, un nombre suffisant de paillottes pour leur usage et pour celui de leurs familles, en attendant la construction des cases particulières.

Art. 10. — En attendant leur embarquement pour se rendre sur leur concession, les immigrants qui voudront profiter des avantages ci-dessus énumérés, et qui se seront fait inscrire comme tels au premier bureau du secrétariat colonial auront droit, pour eux et leur famille, à une délivrance de vivres qui se composera comme il est dit en l'article 2 du présent arrêté.

(Les articles 11 à 18 inclus ont trait à des dispositions administratives concernant le fonctionnement de la Caisse d'immigration.)

Art. 19. — Les congédiés et les retraités qui voudront habiter leurs concessions, jouiront de tous les avantages accordés aux émigrants.

Art. 20. — Les jeunes immigrantes, patronnées par le département de la marine et des colonies, recevront, à titre gratuit, au moment de leur mariage, à leur choix, soit 4 hectares de terre, soit 4 mois de rations composées comme il est dit en l'article 2 du présent.

La Caisse d'immigration supportera également la dépense résultant de cette dépense de vivres.

Art. 21. — Tout immigrant qui, après avoir reçu l'assistance de la Caisse d'immigration, cessera de résider sur sa concession, sera tenu de rembourser immédiatement à ladite Caisse la valeur des vivres et des autres objets qui lui auront été délivrés à quelque titre que ce soit. Il y sera contraint par toutes les voies de droit.

Art. 22. — (Prêts futurs de la Caisse à organiser.)

Art. 23. — La durée des contrats passés avec les immigrants, fixée à trois années par l'arrêté du 2 mai 1872, susvisé, est étendue à cinq ans, et c'est au bout de la cinquième année, seulement, que l'immigrant sera tenu de réaliser l'achat du terrain. Toutefois l'immigrant sera libre d'acheter la concession au bout de trois années révolues.

IMMIGRANTS OUVRIERS

Les **ouvriers d'état** sont fort recherchés et trouvent, dès leur arrivée à la colonie, à s'employer d'une manière rémunératrice.

L'industrie locale est arrêtée dans son essor par le manque de bras, et ne regarde pas au prix des salaires : aussi voit-on les *manœuvres* gagner 10 francs et plus ; les *ouvriers de corps de métiers*, 15 francs et plus par jour.

Les **femmes ouvrières** (lingères, blanchisseuses, domestiques et de journée) sont fort demandées, et il leur est offert des salaires *très-élevés*.

Aussi ne doit-on pas s'étonner de voir une *blan-*

chisseuse, travaillant à son compte, gagner jusqu'à *100 francs par semaine*.

Un ouvrier dépense de 5 à 6 francs pour son *logement* et sa *nourriture*; ce qui lui permet donc d'économiser et d'arriver assez promptement à *posséder un petit avoir* qu'il peut, à son tour, faire fructifier en s'établissant.

Pendant longtemps encore, il y aura, nous le répétons, place pour tout le monde en Nouvelle-Calédonie.

Il est bien entendu que tout immigrant peut, s'il le préfère, *s'installer librement* dans la colonie, et qu'il est libre de tout *engagement*. Il trouve, dans tous les cas, aide et protection. Il est donc sûr d'arriver, en *peu de temps*, à faire une *petite fortune*, car il n'a pas à redouter les *entraves*, qu'il trouve en Europe, pour les raisons que nous avons énumérées plus haut.

Paris, 5 mai 1874.

Un départ pour la **Nouvelle-Calédonie** aura lieu dans la première quinzaine de Septembre par le steamer "**FÉNELON**" qui a déjà, l'an dernier, effectué cette traversée de la façon la plus heureuse.

———

Pour tous renseignements et toutes conditions relatives à ce départ et autres à suivre, s'adresser à

MM. AUDET et GAUBERT

8, boulevard de Denain, 8 (près la gare du Nord).

A PARIS

ou à leur Agent, M. ————————

demeurant à ————————

IMP. CENT. DES CHEMINS DE FER. A. CHAIX ET Cⁱᵉ, RUE BERGÈRE, 20, PARIS. 6061-4